Dorfkirchen zurechnen will, nimmt sie unter ihnen eine Sonderstellung ein. Die allenthalben zu konstatierende schroffe Unterscheidung zwischen den Dorfkirchen und der elitären Sakralarchitektur ist das Resultat einer bereits recht fortgeschrittenen Entwicklung und Differenzierung bodenständiger Bauprogrammatik. In den Anfängen der kirchlichen Erschließung der eroberten slawischen Gebiete gab es die uns heute geläufigen Unterschiede nicht. Die städtischen Pfarrkirchen waren häufig nichts anderes als vergrößerte Dorfkirchen. Die Stadtkirche zu Lychen bei Templin, im Norden des Landes Brandenburg, ist dafür ein treffliches Beispiel. Gleiches trifft auch für die Stadtkirche in Neubukow zu, der die Reriker Kirche architektonisch recht nahe steht. Aber auch die Pfarrkirchen St. Bartholomäus zu Wittenburg und St. Marien zu Parchim sowie die Pfarrkirchen St. Marien und St. Nikolai zu Röbel weisen mannigfaltige Merkmale auf, die sie mit den Dorfkirchen Mecklenburgs gemeinsam haben. Und eben diesem Kreis der frühen Stadtkirchen müssen wir auch die Reriker Kirche zurechnen, selbst wenn es Alt Gaarz nie zu einer städtischen Siedlungsstruktur gebracht hat.

Die Umstände ihrer Entstehung liegen im Dunkeln. Es sind keinerlei chronikalische Nachrichten überliefert, die es erlauben würden, sie oder wenigstens den Gründungszeitpunkt genauer zu bestimmen. Die Größe der Kirche und die Qualität ihrer Architektur lassen jedoch den Schluss zu, dass Alt Gaarz die Bedeutung der umliegenden Dörfer sichtlich überragte. Als Kirchort war Alt Gaarz Mittelpunkt eines Sprengels. Doch allein daraus lässt sich der Aufwand, mit dem die Pfarrkirche errichtet wurde, nicht erklären.

Typisch für Mecklenburg war nicht die Einrichtung möglichst vieler Pfarrstellen in möglichst vielen Dörfern, wie beispielsweise in der Mark Brandenburg, sondern die Zusammenfassung einer größeren Zahl von Dörfern in einem Sprengel, dessen Mittelpunkt das Kirchdorf war. Alle Kirchen der weiteren Umgebung von Alt Gaarz – Blowatz/Dreweskirchen, Kirchdorf auf Poel, Proseken bei Wismar – sind trotz ihrer Bedeutung als Zentrum der jeweiligen Sprengel Dorfkirchen in des Wortes eigentlicher Bedeutung geblieben. Und die Alt Gaarz am nächsten gelegene Dorfkirche zu Brunshaupten, dem heutigen Kühlungsborn, war sogar nur ein einfacher rechteckiger Feldsteinbau – mit der Kirche in Alt Gaarz also überhaupt nicht zu vergleichen. Eine Ausnahme hiervon machen lediglich die Dorfkirchen in Lübow und Neuburg bei Wismar. Die spätromanische Basilika in Lübow war

▲ *Deckenbemalung im Hauptschiff, Ausschnitt*

als Palastkirche der Mikilinburg, dem Sitz der Obotritenfürsten, begonnen worden, blieb aber unvollendet. Neuburg hingegen war wohl durch das Patronat der Zisterzienser-Nonnen aus dem Kloster Sonnenkamp (Neukloster) gegenüber den umliegenden Dörfern bevorzugt, weshalb seine Kirche als frühgotische Basilika begonnen wurde, aber anscheinend ebenfalls unvollendet blieb. Alle diese Besonderheiten trafen auf Alt Gaarz je–doch nicht zu. Es bleibt daher nur die Vermutung, dass es als Hafenort besondere wirtschaftliche Vergünstigungen genoss, die einen aufwendigeren Kirchenbau ermöglichten.

Als Entstehungszeit der Kirche in Alt Gaarz wird für gewöhnlich das dritte Viertel des 13. Jahrhunderts, also etwa um 1270, angenommen. Diese Datierung dürfte jedoch angesichts der tatsächlichen architektonischen Gegebenheiten ungerechtfertigt sein. Eine unlängst im Chor ergrabene Feldsteinpackung gibt Grund zu der Vermutung, dass die Kirche einen Vorgänger hatte – möglicherweise eine verhältnismäßig kleine Feldsteinkapelle, von der jedoch kaum anzunehmen ist, so weit bis in das 13. Jahrhundert bestanden zu haben. Eine solche Kapelle dürfte sehr bald nach der Niederlassung der deutschen Siedler entstanden sein. Es gilt aber inzwischen als gewiss, dass derartige Anlagen zumeist nur provisorischen Charakter besaßen, um nach einer vergleichsweise kurzen Zeit durch größere Bauten ersetzt zu werden. Diese Umbruchsphase war aber nach der Jahrhundertmitte mit Sicherheit längst abgeschlossen. Eine eingehende Betrachtung des architektonischen Programms dürfte uns den tatsächlichen Entstehungszeitraum sehr viel sicherer bestimmen lassen.

Baubeschreibung

Die sichtlich ausgewogenen Proportionen verleihen der Kirche einen recht geschlossenen Eindruck. Es sind jedoch Brüche und Unstimmigkeiten in der Baulogik zu erkennen, die der scheinbaren Geschlossenheit entgegenstehen und darauf hindeuten, dass die Planung während des Bauablaufes mehrfache Veränderungen erfahren hat. Die Staffelung des Baukörpers aus Chor, Langhaus und Turm ist eine der typischen Formen für Dorfkirchen dieses Landstriches. Als hauptsächliches Material diente der Backstein, der vorwiegend im sogenannten wendischen Verband – Wechsel von zwei Läufern und einem Binder – versetzt wurde. Lediglich der Mauersockel ist aus gequaderten Feldsteinen aufgeführt, wobei die unterschiedliche Sockelhöhe von Langhaus und Chor deutlich zu erkennen ist.

Der im Osten gelegene **Chor** ist zweifellos der älteste Bauteil. Das erklärt sich schon aus der mittelalterlichen Bauregel, Kirchen mit den Ostteilen zu beginnen, da der Altarraum als Heiligtum – das Sanctuarium – stets als ihr wichtigster Raum galt. Aber auch die Formenbehandlung zeigt gegenüber dem Langhaus recht altertümliche Merkmale. Am auffälligsten ist hier die Priesterpforte in der Südwand des Chores. Mit ihrem runden Schlussbogen, der sich sonst nirgendwo an der Kirche mehr findet, ist sie wie ein Schlussakkord der vergehenden Romanik. In seiner Körperlichkeit zeichnet sich der Chor durch eine Blockhaftigkeit aus, die aus klaren und einfachen geometrischen Formen – Kubus und Dreieck – zusammengesetzt ist. Auch darin bleibt er noch dem traditionellen Stil verbunden. In den spitzbogigen

▲ *Südlicher Arkadenpfeiler von Nordosten*

Schlüssen der Fenster vollzieht sich jedoch schon die Hinwendung zur Frühgotik. Es ist aber nur die gestaffelte Dreifenstergruppe der Ostwand im originalen Zustand erhalten geblieben. Diese Fensterform finden wir in Mecklenburg sowohl bei Dorf- als auch bei Stadtkirchen ziemlich häufig. Ihr Ursprung liegt jedoch in Westfalen. Während die Flankenfenster von einer einfachen Winkelkehle gerahmt werden, ist das Achsenfenster von einem Rundstab eingefasst. Welche Bedeutung damit einstmals verbunden war, ließe sich heute allenfalls noch vermuten, da die ursprüngliche Verglasung verloren gegangen und die mittelalterliche Ausstattung des Chores nur noch in Fragmenten erhalten geblieben ist, die sich zudem nicht mehr an ihrem angestammten Platz befindet.

Die **Nordwand** ist heute unbeleuchtet. Großflächige Störungen in der Struktur des Mauerverbandes deuten auf eine zugestellte Öffnung hin. Sie rührt von einem Logenanbau des 18. Jahrhunderts her, von dem nur noch die Fundamente erhalten geblieben sind. Auf der Innenseite der Nord wand befindet sich eine kleine, jetzt zugestellte Tür. Sie führte in eine kleine **Sakristei**, die der Aufbewahrung liturgischer Geräte diente. Sie ist jedoch nicht mehr erhalten, sondern wurde durch eine Gruft ersetzt, die sich unter halb des Logenanbaus befand. Von der ursprünglichen Beleuchtung sind keine eindeutigen Spuren überliefert. Es darf aber als sicher angenommen werden, dass es ein ebensolches Fensterpaar gewesen ist wie in der Süd wand des Chores. Jenes hat jedoch nicht seinen originalen Zustand bewahrt sondern ist vergrößert worden, nachdem sich die Lichtverhältnisse im Chor durch die Errichtung des Logenanbaues und die Aufstellung eines neuen Barockaltars erheblich verschlechtert hatten. Mit der Beibehaltung der früh gotischen Formen ist eine denkmalpflegerische Verfahrensweise praktiziert worden, die in damaliger Zeit überaus selten war.

Unverändert ist hingegen der **Ostgiebel** geblieben. Er steht auf einem doppelten Zahnfries – dem sogenannten deutschen Band –, von dem er auch entlang den Dachschrägen gerahmt wird. Mit seiner Gliederung durch ein großes Blendenkreuz, das zuunterst von zwei Blendenpaaren und in der Giebelspitze von drei kleinen Kreuzblenden flankiert wird, ist er noch ganz und gar flächig gestaltet. Auch das ist ein Merkmal sehr früher Entstehung. Das Verstellen der Dachschrägen durch Staffelgiebel mit großen Blenden und Fialen ist eine Verfahrensweise der fortgeschrittenen Gotik. Diese frühe Form der Giebelgestaltung gibt es in zwei Hauptvarianten. Während bei den Backsteinkirchen die Kreuze und Blenden in die Mauerfläche eingetieft erscheinen, werden sie bei den Feldsteinkirchen – z.B. Cammin, Kessin und Petschow (Kreis Rostock) – als erhabenes Gitterwerk aus Backsteinen dem Mauerwerk aufgelegt. Im mecklenburgischen Binnenland finden sich zuweilen auch Zwischenformen.

Im **Inneren** ist der Chor durch einen zugespitzten Triumphbogen von gedrückten Proportionen vom Langhaus getrennt. Die Wände werden von rechtwinkligen Stäben gerahmt, die sich auch unter den Schildbögen, wo die Gewölbe gegen die Wand stoßen, hinziehen, wodurch sie flache, weit-gespannte Nischen bilden. Gedeckt ist der Chor mit einem einfachen Kreuz-gratgewölbe.

In der äußeren Kontur überragt das **Langhaus** den Chor erheblich. Ob-gleich sich beide Baukörper stilistisch sehr nahestehen und daher wohl nur in geringem zeitlichen Abstand voneinander errichtet sein werden, zeigen sich hier bereits deutliche Merkmale einer gewandelten Baugesinnung. Lisenen – flache Mauerbänder – an den Ecken und über den beiden Seiten-portalen in der Nord- und Südwand zeugen von einem neuen Verständnis der Fläche. Gemeinsam mit den Fensterpaaren geben die Lisenen ihr einen bestimmten Rhythmus: die Längswände werden in je zwei gleichartige Kompartimente gegliedert. Diese stehen aber nicht mehr bloß als selbst-ständige Formen beziehungslos nebeneinander, sondern verhalten sich zu-einander wie Teile eines Ganzen – der Kubismus der Romanik löst sich auf und an seine Stelle tritt – unsicher noch – die Komplexität der Gotik.

An der **Ostwand des Langhauses** spannt sich zwischen den Lisenen ein Spitzbogenfries, der durch die Dachschrägen des Chores unterbrochen wird. Vermutlich besaßen auch die Seitenwände ursprünglich solche Friese, die später bei einer Erhöhung der Dachtraufe verloren gingen. Dem erhaltenen Fries ist der Ostgiebel des Langhauses aufgesetzt, der von zwei ansteigen-den Treppenfriesen gerahmt wird, die in einer Kreuzblende enden und eine gestaffelte Dreiblendengruppe einschließen. Deutlich ist zu erkennen, dass die beiden Treppenfriese auf die Anfänge des Spitzbogenfrieses an den Lisenen bezogen sind. Bei genauerem Hinsehen zeigt sich, dass der Anstieg der Treppenfriese etwas steiler verläuft als der der Dachschrägen. Über dem südlichen Fries zieht sich wie eine dünne Naht eine Störung im Mauerwerk hin, die zu ihm genau parallel verläuft. Es besteht kaum Anlass zum Zweifel, dass diese Baunaht den ursprünglichen Dachverlauf markiert.

Sowohl baulich als auch funktional bilden Langhaus und Chor eine Ganz-heit. Dennoch macht sich bei längerem Hinsehen der Eindruck bemerkbar, dass sie doch eigentlich recht beziehungslos nebeneinander stehen. Die beiden Ostfenster des Langhauses erreichen mit den Spitzen ihrer Bogen-schlüsse die Dachtraufen des Chores und sind daher noch größer als die Mittelfenster in der Chorostwand. Der Spitzbogenfries liegt sogar erheb-lich über der Chortraufe. Nach der Logik der Baugeometrie müssten aber eigentlich die Langhaus- und Chortraufen auf gleicher Höhe liegen, wie es beispielsweise bei der Stadtkirche zu Klütz der Fall ist. Diese Abweichung ist nur durch zwei verschiedene Planungen zu erklären, nach denen Langhaus und Chor errichtet worden sind. Noch deutlicher wird es, wenn man im Inneren von der Empore im nördlichen Seitenschiff auf die Ostwand blickt. Diese wirkt wie eine Barriere, die sich der Bewegung des Raumes wie ein unüberwindliches Hindernis in den Weg stellt. Die Choröffnung gleicht dann eher einem Loch als einem Triumphbogen, wohinter der Chorraum liegt, als gehöre er nicht mehr dazu. Dieses geschickt kaschierte und dennoch offensichtliche Missverhältnis zwischen den Baukörpern bedeutet, dass der Chor nicht für dieses Langhaus gedacht war. Es zeugt andererseits von der Geschicklichkeit des Baumeisters, mit dem Langhaus einen neuen Plan zu realisieren, ihn aber zugleich auf den älteren Chor zu beziehen.

Fundamente oder Mauerreste, die eine Rekonstruktion der ursprünglichen Planung ermöglichen könnten, sind bislang nicht gefunden worden. Um uns dennoch ein Bild von ihr machen zu können, müssen wir auf Vergleiche mit anderen Dorfkirchen zurückgreifen, die ungefähr zur gleichen Zeit entstanden sind. Typisch ist der einfache rechteckige Saalraum, der zwei Kuppelgewölbe – sogenannte Domikalgewölbe – mit vier oder acht Rippenstrahlen besitzt, die durch einen massiven Gurtbogen getrennt werden, der sich von einer Wand zur anderen spannt. Diese Variante wurde sowohl im Backsteinbau – in Blowatz/Dreweskirchen (Kreis Wismar) geplant aber nicht ausgeführt; Pfarrkirche zu Schwaan – als auch im Feldsteinbau – Cammin (Gewölbe nicht ausgeführt), Petschow, Sanitz, Kavelstorf (Kreis Rostock) – verwendet. In Sanitz und Kavelstorf ist über dem westlichen Gewölbe jeweils ein (unvollendet gebliebener) Turm errichtet worden. Ob eine solche Lösung auch für die Reriker Kirche vorgesehen war, muss allerdings offen bleiben. Dass das Langhaus ein Rechtecksaal werden sollte, können wir hingegen als ziemlich wahrscheinlich annehmen.

Das **Innere des Langhauses** in seiner ausgeführten Form folgt dem Typ der westfälischen Halle: ein breites Hauptschiff wird von zwei schmalen Seitenschiffen flankiert. Die Gewölbebasen aller drei Schiffe liegen auf gleicher Höhe, wodurch sich die Halle von der Basilika unterscheidet, deren Hauptschiff die Seitenschiffe zumeist erheblich überragt. Das Münster im nahe gelegenen Bad Doberan ist für diese Variante ein anschauliches Bei

▲ *Nördlicher Arkadenpfeiler von Nordosten mit Mechelsdorfer Empore*

spiel. In seiner Längsausdehnung zwischen Turm und Chor wird der Raum durch die beiden Pfeiler in zwei Joche unterteilt. Der Grundriss des Langhauses ist nahezu quadratisch. Auch hierin spiegelt sich die Verwandtschaft mit der Architektur Westfalens an der Wende von der Romanik zur Gotik wider. Besonders nahe steht das Reriker Langhaus in dieser Beziehung der Pfarrkirche St. Maria zur Höhe – der sogenannten Honekirche – in Soest.

Ob der Meister, der hier in Rerik das Hallenlanghaus errichtete, tatsächlich die Honekirche kannte, ist ungewiss. Bei allen Gemeinsamkeiten sind die Unterschiede zugleich so erheblich, dass diese Annahme doch recht unwahrscheinlich wäre. Das Langhaus der Stadtkirche in Neubukow ist ebenfalls eine westfälische Halle, nicht sehr viel jünger als das in Rerik, aber mit der Honekirche kaum noch vergleichbar. Es ist eine Erkenntnis der Architekturgeschichte, dass die verwendeten Formen niemals eine reine Erfindung, sondern trotz aller Individualität stets eine Zusammenfassung bereits vorhandener Stilerfahrungen sind. Während sich in Neubukow die Traditionslinien recht sicher bestimmen lassen, ist in Rerik die Entwicklung als Konflikt zwischen Romanik und Gotik in vielen Details so eigenwillige Wege gegangen, dass sich – gegenwärtig zumindest – ihre Wurzeln nur schwer und dann auch nur unklar bestimmen lassen.

Die Gliederung des Raumes in Schiffe und Joche erfolgt durch die beiden **Pfeiler**. Obgleich sie einander so auffallend ähnlich sehen, sind sie doch sehr verschieden. Sie wirken, als wären sie aus einzelnen Stäben zusammengesetzt – gebündelt –, weshalb sie Bündelpfeiler genannt werden. Der südliche ist zweifellos der ältere. Bei ihm wechseln kantige und gerundete Stäbe einander ab. Seine Querschnittkonstruktion ist jedoch einfach aus Quadraten zusammengesetzt. Der Nordpfeiler dagegen setzt sich aus Bündeln gerundeter Stäbe zusammen: vier Bündel aus jeweils drei halbzylindrischen Stäben sind um einen quadratischen Kern gruppiert, dessen Kanten zu Kehlen ausgerundet sind. Trotz der augenfälligen Verschiedenheit ist auch er im gleichen Quadratschema konstruiert wie der Südpfeiler. Worin die Ursachen lagen, die gemeinsame Grundkonstruktion so verschieden zu handhaben, wird sich heute wohl schwerlich noch klären lassen. Es ist aber nicht unwahrscheinlich, dass hier Einflüsse aus unterschiedlichen Traditionskreisen zusammengeflossen sind.

In verschiedenen Kirchen Mecklenburgs – in der Dorfkirche zu Reinshagen (Kreis Güstrow), in der Pfarrkirche St. Marien zu Parchim – finden sich Pfeiler, die äußerlich sehr verschieden und dennoch eng miteinander verwandt sind. Sie alle fußen auf dem gleichen Konstruktionsprinzip der vier Dreistabbündel vor einem quadratischen Pfeilerkern. Da sie dieses Grundprinzip zuweilen fast bis zur Unkenntlichkeit variieren, bedarf es schon einer genaueren Kenntnis, um die Gemeinsamkeiten zu erkennen. Aber davon abgesehen unterscheiden sie sich auch dadurch vom Reriker Nordpfeiler, dass ihnen nicht das Quadratschema, sondern eine achtteilige Sternfigur aus zwei gleich großen Quadraten zugrunde liegt. Diesen Pfeilertyp finden wir in seiner einfachsten und ursprünglichsten Form in der ehemaligen Stiftskirche St. Marien zu Eberswalde (heute Pfarrkirche St. Maria-Magdalenen).

Es ist daher durchaus möglich, dass im Reriker Nordpfeiler westfälische und brandenburgische Stilformen miteinander verschmolzen wurden.

Die Einzigartigkeit, wodurch sich die Reriker Pfarrkirche im Verhältnis zu vergleichbaren Dorfkirchen auszeichnet, erklärt sich jedoch nicht allein aus der formalen Verwendung bestimmter Stilelemente – für sich genommen sind sie gar nicht so einzigartig –, sondern vielmehr aus der Gesamtgestaltung des Raumes. Eine mindestens ebenso wichtige Rolle wie die Pfeiler spielen dabei die **Gewölbe**. Sie bestehen aus steilen und hoch aufragenden Kappen. Die quergerichteten Gurt- und die längsgerichteten Scheidebögen, die Joche und Schiffe voneinander trennen, sind breite Bänder mit wulstigen Unterzügen, während die Diagonalrippen unter den Gewölbekappen unprofilierte Rechteckbänder sind. Die zum Teil geradezu extreme Zuspitzung einzelner Bogenformen verleitet schnell dazu, die Kirche gotisch zu nennen. Tatsächlich drückt sich darin jedoch noch eine sehr unsichere Handhabung des Spitzbogens aus. Die Besonderheiten der Domikalwölbung lassen das Verfahren des Stelzens nicht zu, wie es in fortgeschritteneren Phasen der Gotik bei engen Pfeilerstellungen Verwendung findet: Die Bogenleibung wird über dem Pfeiler senkrecht weitergeführt und erst im oberen Teil zum Zusammenschluss gekrümmt. Aber auch die Körperlichkeit der einzelnen Teile ist noch weit davon entfernt, gotisch im eigentlichen Sinne zu sein. Ob man die Bögen, Rippen oder Pfeiler betrachtet – stets lässt sich ihr geometrischer Aufbau exakt ablesen. Ihre Teile blieben einzelne Teile. Es scheint, als wären sie lediglich zueinander gesetzt, um eine Gesamtheit zu sein, ohne jedoch eine Ganzheit zu werden. Das ist noch immer Romanik. Das Wechselspiel von Wulst und Kehle, von konvexen und konkaven Formen, wodurch erst aus der Gesamtheit eine Ganzheit wird – und darum typisch für die Gotik – ist noch nicht einmal in Ansätzen zu erkennen. Die Gewölbe steigen – vom Langhaus gesehen – steil zu enormer Höhe auf: während sie – von der Ostwand des Chores gesehen – auf die Pfeiler herabzustürzen scheinen. Dieses Wechselspiel von Steigen und Fallen, von Tragen und Lasten, bedeutet den entscheidenden Schritt über die Romanik hinaus. Die Pfeiler rhythmisieren den Raum. Das ist das Prinzip des gotischen Hallenraumes. So weit das Bemühen, modern zu bauen, auch gediehen sein mag, ist die Romanik aber nicht überwunden. Dieser Schritt konnte nur das Resultat einer längeren Entwicklung sein, wozu die Reriker Kirche allein nicht in der Lage war.

Sie steht somit genau an einem Wendepunkt, an dem sich das Verhältnis der Stile in einem latenten Gleichgewichtszustand befindet: sie ist noch zu romanisch, um schon gotisch genannt zu werden und schon zu gotisch, um sie noch romanisch zu nennen. Romanisch will sie nicht mehr sein und gotisch kann sie noch nicht sein. Gotisches Formengut wird bereits ganz bewusst gegen die Romanik gesetzt, wenn zumeist auch noch sehr formal. Man möchte manchmal meinen, der Baumeister kannte die Gotik bestenfalls vom Hörensagen. Ihrer Verwandtschaft mit der Honekirche in Soest wegen, die um 1220 entstanden ist, dürfen wir die Errichtung der Reriker Pfarrkirche wohl für die Zeit zwischen 1230 und 1250 annehmen.

In der Westwand des nördlichen Seitenschiffes befindet sich ein kleiner Raum, der durch eine rundbogige Tür und ein rechteckiges Fenster mit dem Langhaus verbunden und mit einer Spitztonne gewölbt ist. Außen ist an dieser Stelle die Wand in Feldsteinen aufgemauert und vorgewölbt. Sein Zustand lässt darauf schließen, dass sein ursprünglicher Zweck schon vor langer Zeit erloschen ist. Die Reste eines gemauerten Sockels dürften wohl ehedem zu einem Altar gehört haben. Es könnte ebenso die Privatkapelle eines Kirchenpatrons gewesen sein wie die einer St.-Annen-Bruderschaft, die es in Alt Gaarz gegeben haben soll.

Der **Turm** ist ebenso wie die südliche Portalvorhalle eine Zutat der Spätgotik. Besonders auffällig ist seine blockhaft kubische Form. Die Blenden und Schalluken seiner Seitenwände sind paarig und werden durch sogenannte Koppelblenden zusammengefasst. Rechtwinklig und ohne vermittelnde Rahmungen schneiden sie in das Mauerwerk. Die Westwand ist – abgesehen vom Portal, einem schmalen Fenster und einer einfachen Spitzbogenblende – ohne jede Gliederung geblieben. Nahtlos gehen alle vier Wände in die schmucklosen Schildgiebel des Helmes über. Deutlich unterscheiden sich auch die Versatzstrukturen der Ziegel von denen des Langhauses. Hier bilden Läufer und Binder einen regelmäßigen Wechsel und dadurch den sogenannten Polnischen Verband, der erst im 15. Jahrhundert über die Oder nach Westen vordrang. Alle diese Details sprechen für eine Entstehung nach 1400. Im Inneren des Turmsockels öffnen sich die Wände in großen, tiefen Nischen. Die geplante Wölbung ist nicht ausgeführt worden. Ursprünglich war der Turmraum fast in voller Höhe zum Hauptschiff des Langhauses geöffnet. Der jetzige Durchgang rührt vom Einbau der Orgel her.

▲ *Frühgotische Tauffünte und*
gotisches Triumphkreuz

Die späte Entstehungszeit des Turmes mag verwundern, da im Mittelalter Kirchen in unmittelbarer Küstennähe stets als Seezeichen dienten, wozu sie des Turmes bedurften. Ähnlich verhielt es sich mit der Dorfkirche zu Hohenkirchen (Kreis Wismar), deren ursprünglicher Turmhelm jedoch vor längerer Zeit bei einem Sturm verloren ging. Es ist durchaus denkbar, dass der bestehende Turm einen Vorgänger ersetzt hat, wofür sein Feldsteinsockel spricht, dessen Struktur mit dem des Langhauses identisch ist. Andererseits fällt auf, dass er nicht genau in der Achse steht, sondern ein deutliches Stück nach Norden versetzt ist. Schließlich hat auch die St.-Nikolai-Kirche zu Röbel, die der Reriker Kirche stilistisch sehr nahe verwandt ist, ihren Turm erst später erhalten, obgleich sie mit ihm wie aus einem Guss gemacht wirkt.

Dieser achtseitige Turmhelm mit Schildgiebeln – die sogenannte Bischofsmütze –, der für die mecklenburgischen Dorfkirchen so typisch erscheint, ist jedoch längst nicht so weit verbreitet wie allgemein angenommen. Im Wesentlichen bleibt er auf das Küstengebiet zwischen Wismar und Rostock sowie das küstennahe Hinterland beschränkt. Lediglich in Spornitz (Kreis Parchim) und Röbel hat er den Weg bis in das südliche Mecklenburg gefunden. Und bei fast allen Kirchen erscheint er vergleichsweise spät. Die ältesten Beispiele dürften die Türme der spätromanischen Feldsteinkirche in Neuenkirchen (Kreis Bützow) und der Dorfkirche in Kirchdorf auf Poel sein. Doch selbst der Turm in Kirchdorf ist das Ergebnis einer späteren Umplanung, worauf romanische Mauerreste hinweisen. Ansonsten sind die zeitlichen Unterschiede zwischen den Langhäusern und ihren Türmen erheblich, sofern es sich nicht überhaupt um zeitlich später einzuordnende Anlagen handelt: Diedrichshagen und Klütz (Kreis Grevesmühlen), Neuburg und Beidendorf (Kreis Wismar), Bernitt (Kreis Bützow) und Dom zu Bützow, Neubukow und Parkentin (Kreis Bad Doberan), Lichtenhagen und Stäbelow (Kreis Rostock). Abwandlungen dieses Turmtyps finden sich auch vereinzelt in Vorpommern: Wusterhusen (Kreis Greifswald), Poseritz/Rügen.

Die Ausstattung

Während der architektonische Bestand weitgehend in seiner Ursprünglichkeit überliefert ist, hat die Gestaltung des Innenraumes tiefgreifende Veränderungen erfahren. Von der **mittelalterlichen Ausstattung** haben nur wenige Zeugnisse die Jahrhunderte überdauert. Die aus Kalkstein gehauene **Tauffünte**, die heute im Ostjoch des nördlichen Seitenschiffes steht, ist in der Mitte des 13. Jahrhunderts entstanden und dürfte somit noch aus der Erbauungszeit der Kirche stammen.

Jünger hingegen ist das **Triumphkreuz** über der Tauffünte, dessen Alter in das 14. Jahrhundert zurückreicht. Es zeigt den Gekreuzigten mit der für diese Zeit typischen Dreipunktnagelung. An den Kreuzarmen sind Medaillons mit den Evangelistensymbolen (Engel für Matthäus, Stier für Lukas, Löwe für Markus und Adler für Johannes) befestigt. Ursprünglich stand das Triumphkreuz auf einem Balken unter dem Triumphbogen am Zugang zum Chor. Die dazugehörigen Assistenzfiguren Maria und Johannes sind nicht erhalten.

▲ *Spätgotischer Altarschrein vom ehemaligen Hauptaltar*

Gegenüber, im südlichen Seitenschiff, steht auf einem Sockel der Schrein vom **ehemaligen Hauptaltar**, der im 15. Jahrhundert entstanden ist. Er zeigt in einer vollplastischen Figurenkomposition als zentrale Szene den Gekreuzigten mit Maria und Johannes, wiederholt also das Motiv der Triumphkreuzgruppe. Durch senkrechte Stäbe ausgeschieden stehen beiderseits die Figuren der Anna Selbdritt unter einem bekrönenden Baldachin und Johannes des Täufers. In der Gesamtkomposition zeigt sich die für Norddeutschland typische Einfachheit. Die komplettierenden Altarflügel sind ebenso verlorengegangen wie die Predella.

Ursprünglich in die Chorostwand eingelassen – seit 1970 im Anbau an der Südseite des Langhauses aufgestellt – findet sich die einzige erhaltene mittelalterliche **Grabplatte**. Auf ihr sind – als Flachrelief und von einem Schriftband gerahmt – V. v. Oetzen und A. v. Strahlendorf dargestellt. Entstanden ist diese Platte nach 1465.

Unter der barocken Ausmalung konnten Teile der mittelalterlichen Fassung nachgewiesen werden, von der einige Beispiele freigelegt und in die Gesamtsituation eingefügt wurden. Im Gewölbe des westlichen Hauptschiffsjoches – über der Orgel – ist es eine Rhombenkomposition mit Pflanzenmotiven und einem Adler als dem Symbol des Evangelisten Johannes. Im südlichen Seitenschiff sind es zwei Medaillons, von denen eines ebenfalls einen Adler und das andere das Lamm Gottes zeigt. An der Langhausostwand, unter dem Ansatz der Scheidebögen, wurden Trägerfiguren mit Vorritzungen freigelegt.

Das eigentliche Erscheinungsbild des Innenraumes wird von der **barocken Ausstattung** bestimmt, die jedoch ebenfalls nicht mehr in ihrer Ursprünglichkeit erhalten ist, da in jüngerer Zeit im Interesse einer günstigeren Raumwirkung gestalterische Veränderungen vorgenommen werden mussten. Das alte Kastengestühl im Langhaus wurde weitgehend beseitigt und durch einfache Bänke ersetzt, für deren Zier Wangen des ursprünglichen Gestühls wiederverwendet wurden. Der Ziegelfußboden ist gänzlich erneuert.

Der **Hauptaltar** besitzt heute einen Aufsatz von 1754/55. In der Predella befindet sich ein kleines Gemälde mit einer Abendmahlsszene. Darüber erhebt sich ein Architekturaufbau mit zwei marmorisierten Säulenpaaren, die einen Architrav mit Cherubköpfen tragen. Sie rahmen ein gemaltes Kruzifix. Vor den Säulenpaaren stehen zwei vollplastische allegorische Figuren. Akanthusschnitzereien vervollständigen die Komposition. Abgeschlossen wird der Aufsatz durch einen von Engelsfiguren gehaltenen Lünettengiebel, der eine gemalte Himmelfahrtsszene zeigt.

Der frei im Chor hängende **Taufengel** stammt aus der Mitte des 18. Jahrhunderts und dürfte zeitgleich mit dem Altaraufsatz entstanden sein.

Geringfügig älter ist die **Kanzel**, entstanden 1751/52. Ihr Dekor besteht fast ausschließlich aus vegetabiler Akanthusschnitzerei. Freiplastische Voluten geben ihr die für den Barock typische wulstige Form. Lediglich am Schalldeckel erscheinen mit Cherubköpfen und der Taube als Symbol des Heiligen Geistes figurale Motive. Gekrönt wird er durch den Pelikan, von dem die Legende berichtet, dass er seine toten Jungen mit seinem eigenen Blut wieder zum Leben erweckte – ein Motiv, das gern zur Symbolisierung des Erlösungsgedankens verwendet wurde.

Der spätbarocke **Orgelprospekt** wirkt wie ein räumlicher Gegenpol. Um 1780 entstanden, behält er zwar noch die geschwungenen Körperformen bei, die Ornamentik ist aber schon weitgehend auf Blattgirlanden reduziert, so dass die optische Wirkung vor allem durch die Flächen und die Staffelung der Pfeifenregister erzielt wird. In den Amphoren über den Flankenregistern deuten sich bereits klassizistische Tendenzen an.

Nicht unwesentlich wird das Raumbild von den **Patronatsemporen** mitbestimmt. Ursprünglich waren es vier. Die älteste und zugleich einfachste war die **Hohen Niendorf-Kä Empore** aus der ersten Hälfte des 17. Jahrhunderts. Sie war von einfacher Kastenform und ohne Bedeckung. Ihre Brüstungsfelder wurden durch einfache, sich teilweise überschneidende Profilrahmungen gegliedert. Sie stand ursprünglich im Westjoch des nördlichen Seitenschiffes und wurde bei der jüngsten Restaurierung im Interesse einer besseren Raumaufteilung entfernt. An ihre Stelle ist die **Mechelsdorfer Empore** getreten. Sie wurde von ihrem ursprünglichen Standort am südlichen Arkadenpfeiler hierher versetzt. 1682 entstanden, zeigt sie von allen Emporen das reichste Dekor. Die Brüstung trägt ein Wappenschild, das von Putten gehalten wird, und Ornamentkartuschen. Die Ecken sind durch paarweise angeordnete, gedrehte Säulen betont, zwischen denen freiplastische Putten stehen. Auf dem Deckbalken mit Cherubköpfen stehen Wappenschilde und allegorische Figuren. Die noch im Originalzustand erhaltene **Wustrowsche Empore** steht über einem einfachen Kastengestühl an der Chornordwand. Ihre Entstehung liegt in der Mitte des 18. Jahrhunderts, also etwa zeitgleich mit dem Altaraufsatz und der Kanzel. Sie besitzt eine Pilastergliederung und ihre Brüstungsfelder tragen ein flaches Ornamentschnitzwerk. Gekrönt wird sie von einer Wappenkartusche, die von zwei goldenen Löwen gehalten wird. Die **Blengower Empore** ist die jüngste und geht auf die Zeit um 1800 zurück. Von ihrem ursprünglichen Standort im Ostjoch des nördlichen Seitenschiffes wurde sie in den Turm versetzt. Mit ihrer ausgesprochen nüchternen Gestaltung ist sie bereits ganz dem Klassizismus verpflichtet. Die Brüstungsfelder und der krönende Halbrundgiebel werden lediglich durch Profile gerahmt. Bei genauerem Hinsehen ist zu erkennen, dass die beiden goldenen Löwen ihre Köpfe asymmetrisch halten. Diese scheinbare Zufälligkeit war jedoch beabsichtigt und hängt mit dem ursprünglichen Standort zusammen. Seinerzeit, als die

Text am 11.216:
So Spricht der Herr
Jehovah, Ich tut
mein wort in deinen mund

Psal: 51.a.17:
Herr thue mein lip-
-en auf, Daß mein
mund deinen Rhum
verkündige

336
201
134
206

Empore errichtet wurde, hatten die Blengower Streit mit dem Pastor, gegen den sie sich jedoch nicht durchsetzen konnten. Als freundliche Rache ließen sie jene beiden Löwen anbringen, deren Köpfe so gedreht waren, dass sie dem Pastor während der Predigt unentwegt die Zungen herausstreckten.

Zur barocken Ausstattung gehört auch das **Beichtgestühl** an der Chorsüdwand. Dieser in der Mitte des 18. Jahrhunderts entstandene kastenförmige Verschlag ist mit Pilastern gegliedert und mit einer akanthusgerahmten Inschriftenkartusche bekrönt. Im zugestellten Nordportal des Langhauses hängt das einzige Bildkunstwerk. Es ist ein **Porträt des Pastors Christian Liskow,** das ihn in der zeittypischen Auffassung in annähernder Lebensgröße zeigt und 1668 vermutlich von Hinrich Greve aus Wismar gemalt wurde. Überliefert sind auch zwei Epitaphien, die als Totendenkmale seinerzeit weite Verbreitung gefunden haben. Das **Epitaph H. v. Bibows,** nach 1684 entstanden, besteht aus einem zentralen Wappen, das von zahlreichen Allianzwappen gerahmt wird. Ein Schriftunterhang sowie ein Cherub und ein Putto vervollständigen sein Erscheinungsbild. Das andere **Epitaph v. Plüskows** stammt aus dem 18. Jahrhundert und besitzt ebenfalls ein geschnitztes Wappen.

Die reiche **Ausmalung** wurde 1668 von Hinrich Greve ausgeführt und zeigt sich heute als ein Ensemble von einmaliger Vollständigkeit im Küstengebiet. Es überwiegen ornamentale Motive, die vor allem Bogenstellungen betonen. Die Fenster sind mit Muschelwerk gerahmt. Die raumgliedernden Elemente wie Pfeiler, Scheidebögen, Gurt- und Diagonalrippen sind durch geometrisierende Motive hervorgehoben, die ganz auf ihre Körperlichkeit ausgerichtet sind. In den Gewölbekappen befinden sich Engel mit Spruchbändern. Auf den Flächen zwischen den Fenstern stehen Apostel auf Sockeln mit der jeweiligen Namensinschrift. Der in Höhe der Fenstersohlbänke umlaufende Fries aus gerefftem Tuch ist ein Motiv, das bereits im Mittelalter Verwendung fand (Petschow/Kreis Rostock).

Literatur

Ende, Horst: Dorfkirchen in Mecklenburg. Berlin, 1973. – Ende, Horst: Die Stadtkirchen in Mecklenburg. Berlin, 1984. – Die Bau- und Kunstdenkmale in der DDR – Mecklenburgische Küstenregion, Institut für Denkmalpflege (Hrsg.). Berlin, 1990. – Georg Dehio: Handbuch der deutschen Kunstdenkmäler. Mecklenburg-Vorpommern. München, Berlin, 2000.